AF261644

27
IL
359

LE CRIME

ET

LE REPENTIR

PARIS. — E. DE SOYE, IMPRIMEUR, PLACE DU PANTHÉON, 2.

LE CRIME

ET

LE REPENTIR

PAR

LADY GEORGIANA FULLERTON

(Se vend au profit de l'Œuvre française à Londres.)

LONDRES

BURNS & OATES

17, PORTMANN STREET AND, 63, PATERNOSTER ROW

———

1868

Tous droits réservés.

LE CRIME ET LE REPENTIR

Depuis l'heure où, près de la croix d'un Dieu mourant, l'âme d'un grand pécheur convertie et renouvelée par un cri de repentir et d'amour reçut, de la bouche du divin Sauveur, la promesse du paradis, non dans un avenir éloigné, mais pour ce jour-là même dont les premières heures avaient été vouées à la haine et au désespoir, l'Église s'est toujours plu à constater les merveilleux effets de la grâce par laquelle l'homme criminel et révolté devient un chrétien humble et fervent, soumis au sort affreux que lui inflige la justice humaine. Et il n'a pas été rare de voir cette grâce toute-puissante transformer l'échafaud et en faire le marchepied du ciel.

Il est utile d'étudier ces exemples. — Il est bon de reconnaître ce que peut la religion pour les malheureux que la société réprouve. Il est surtout salutaire de se pénétrer de la pensée, que le pécheur, qui expie son crime dans ce monde par une mort honteuse, est bien moins à plaindre que le méchant que la loi ne saurait atteindre ; que l'homme pervers qui marche le front levé sans crainte et sans remords, sur cette terre souillée de ses iniquités, dont la lente mais terrible justice de Dieu lui demandera compte un jour.

L'histoire de Louis Bordier, le malheureux jeune homme exécuté à Londres, le 15 octobre 1867, vient à l'appui de cette vérité et offre d'utiles enseignements. D'abord nous sommes saisis d'un fait qui se reproduit presque toujours quand on voit, après de longs égarements, une âme sous le poids d'une grande douleur ou à l'heure de la mort revenir à Dieu avec ardeur, retrouver et reprendre des sentiments religieux qui semblaient à jamais éteints. Comme les caractères écrits en encre invisible renaissent sous l'action du feu, sur un papier qui paraissait n'en garder aucune trace, ainsi les leçons d'une mère pieuse, les prières apprises sur ses genoux, les enseignements d'une école chrétienne peuvent bien pour un temps s'effacer de la mémoire et du cœur même, séduit par le mal, endurci par le monde, entraîné par l'erreur; mais que la maladie ou une grande douleur, que la souffrance atteigne cette âme dans le cours ou à la fin de sa carrière, on la verra revenir à ses impressions premières : elles se traduiront par des émotions inattendues, des retours inespérés, et, dans l'homme longtemps égaré, reparaîtra l'enfant chrétien.

C'est dans cette pensée que les parents, les prêtres, les instituteurs zélés et dévoués de l'enfance puisent et l'espoir et le courage. Dans les grandes villes et surtout dans celles où les œuvres de patronnage n'existent malheureusement pas, on voit les enfants, jeunes encore, quitter les écoles par milliers et, bientôt perdus de vue, s'abîmer peu à peu dans les bas-fonds d'une civilisation corruptrice ou d'une affreuse misère. On est presque tenté de s'écrier en face de ces tristes déchéances, de ce torrent où tant d'âmes vont s'engloutir : « A quoi bon les efforts du prêtre? à quoi bon les labeurs des maîtres? à quoi bon les écoles catholiques? Le mal est trop puissant, les remèdes trop faibles, la lutte trop inégale. » Mais attendons, voici venir l'heure où ces enfants, devenus hommes et femmes, surpris par la maladie, par la dernière

misère, par la justice humaine, verront s'ouvrir de
vant eux les portes de l'hôpital, du workhouse o
du cachot, bien des années peut-être après que l
prêtre, qui a entendu leur première confession, o
la sœur, qui les a préparés à la première commu
nion, ont cessé de vivre. Alors qu'un autre prêtr
vienne à eux ; alors qu'une voix amie leur parle d
Dieu, de repentir, d'espérance, on verra leur
yeux se remplir de larmes, les prières d'autrefoi
revenir sur leurs lèvres. Ils comprennent, il
accueillent, ils saisissent pour la plupart le nouve
espoir qui se rattache au souvenir du passé, d'ui
passé bien éloigné, d'un passé de vingt, de qua
rante, de soixante ans peut-être, et ils renaissent à
la vie de la grâce avec une bien autre facilité qu
ceux qui n'ont jamais appris dans leur enfance à
adorer Dieu, et à aimer Jésus et Marie.

Nous l'avons dit, Louis Bordier offre un exemple
récent de cette vérité. Il naquit près de Chartres,
de parents honnêtes appartenant à la classe ou
vrière, qui l'élevèrent dans la crainte de Dieu. Sa
mère surtout, femme bonne et pieuse, qui vi
encore, chercha à lui inspirer des sentiments reli
gieux. Il était petit enfant quand sa famille vint
s'établir à Versailles. Il fréquenta dans cette ville
l'école des frères de la Doctrine chrétienne, y fit
sa première communion et, aussi longtemps qu'il

demeura sous le toit paternel, il pratiqua ses devoirs religieux et ne commit que des fautes de jeunesse et d'étourderie.

A l'âge de 17 ans, il s'établit à Paris, et alors commença pour lui, en même temps que sa vie d'ouvrier, l'abandon des pratiques et bientôt des principes chrétiens. Il se lia avec des hommes qui l'entraînèrent dans le désordre et au bout d'un an l'engagèrent, pour son malheur, à passer avec eux en Angleterre, pour y exercer son métier de corroyeur. Dès l'instant de son arrivée, il se trouva initié à cette triste existence des Français de sa classe fixés à Londres, à cette vie éloignée de toute habitude favorable à la piété et à la vertu, dénuée de toutes ces traditions de la patrie et de la famille qui, à défaut d'une plus haute sauvegarde, conservent souvent la foi dans le cœur d'un homme et le retiennent dans le devoir. Entouré de compatriotes incrédules et impies, mêlé sans cesse avec des protestants, privé de tout ce qui pourrait lui rappeler les enseignements de l'enfance, il oublie qu'il est catholique ; il tombe dans une sorte d'apostasie qui le conduit, sinon à renier lui-même ouvertement sa croyance, au moins à en abandonner la pratique et, s'il se marie, à souffrir que ses enfants soient élevés dans une religion dont les membres ne sont d'accord que sur un seul point, la haine traditionnelle de l'Église catholique.

Si ces lignes devaient tomber un jour sous les yeux de quelques Français, puissent-elles inspirer à des âmes fortes et généreuses un intérêt puissant, énergique, constant pour les œuvres récemment établies à Londres, au centre de la colonie française : la nouvelle église de Notre-Dame de France, l'hôpital et l'orphelinat de Leicester-square, les écoles tenues par les sœurs de Saint-Vincent-de-Paul et les Frères de la Doctrine chrétienne ! Puisse le cri, échappé du cœur du pauvre Louis Bordier, retentir dans bien des cœurs : « Ah ! mon père ! » disait-il à celui qui venait à lui de la part de Dieu, « si seulement je vous avais connu dans les premiers temps de mon séjour en Angleterre ! » Si une fois la France étend sa main vers ses enfants expatriés, si elle leur porte le secours de son ardente, infatigable, miraculeuse charité, on verra se produire des résultats immenses. « Des âmes, mon Dieu, des âmes à sauver ! » s'écriait saint François-Xavier. Ah ! il y a des milliers d'âmes à sauver dans Londres, des âmes qui ne demandent que du zèle et de l'amour pour se rappeler qu'elles sont catholiques, comme elles se rappellent toujours qu'elles sont Françaises.

Nous l'avons dit, dès sa venue à Londres, Louis Bordier commença à mener une vie coupable dans le fait, quoique régulière en apparence. Presque aussitôt arrivé, un *ami* le présenta à une jeune fille anglaise, à laquelle il s'attacha tout de suite et avec laquelle il vécut treize ans, dans une union qui simulait le mariage. Il aimait tendrement cette compagne, la traitait à tous égards comme sa femme et lui en donnait le nom. Plus d'une fois il lui arriva de la mener en France, et lors de sa première visite à sa famille, il la lui présenta comme telle. Cependant, la clairvoyance d'une mère pénétra la vérité. Mme Bordier soupçonna que Marie Snow n'était pas réellement l'épouse de son fils. Elle le pressa de le lui avouer et s'offrit à lui fournir les moyens de légitimer cette union ; mais l'orgueil, la mauvaise honte lui fermèrent la bouche. Il ne voulut point se dédire et repoussa la planche de salut que la tendresse de sa mère lui présentait. Pendant bien des années, Louis Bordier jouit de ce que le monde appelle le bonheur. Père de trois charmantes petites filles qu'il aimait éperdument, par son travail il maintenait l'aisance dans le ménage et le contentement autour de lui. Sobre et rangé, il ne manquait jamais d'ouvrage ; il était bien vu de son maître, aimé de ses camarades. Mais enfin l'heure de l'épreuve sonna. Le malheur, qui trop souvent menace l'homme qui vit de son labeur, l'atteignit bien cruellement. Il tomba dange-

reusement malade. Pendant des mois entiers alité
à l'hôpital, il souffrit horriblement dans le corps
et dans l'âme. Il eut à subir des opérations dou-
loureuses et puis, jour et nuit, il était préoccupé
de la pensée, que son inaction forcée réduisait à la
misère ceux qui lui étaient chers. Pressé, aiguil-
lonné par cette idée qui ne l'abandonnait pas, il
quitta l'hôpital encore faible et souffrant, se traîna
chez lui, et, quoique malade, voulut reprendre son
travail ; mais ses forces n'y purent suffire.

Hélas ! dans cette demeure où naguère régnait
le bien-être et la paix, il trouva la misère et l'a-
mertume. Au lieu de la tendresse d'autrefois, des
reproches et des plaintes. Enfin peu de temps après
son retour, la femme qu'il aimait de toute la force
de son cœur, pour laquelle il s'était épuisé de travail, la mère de ses enfants, le prévint que, puis-
qu'il ne pouvait plus lui fournir les moyens de
vivre, elle se décidait à le quitter. Bientôt après il
apprit qu'elle avait accepté les offres de mariage
qu'un autre lui faisait et que, dans quelques jours,
ou bien ses enfants lui seraient enlevés, ou ils lui
resteraient sur les bras, privés des soins d'une mère
et associés à sa profonde misère. Si, dans le premier instant de son désespoir, il eût frappé cette
femme, s'il l'avait tuée alors, il est possible que ses
juges eussent admis en sa faveur des circonstances

atténuantes ; mais il n'en fut pas ainsi. Il concentra sa douleur et sa colère. Pendant près de quinze jours il médita son crime dans un état de fureur secrète, d'exaltation croissante. Tuer la mère, les enfants et puis mettre fin à sa propre vie : tel fut l'épouvantable projet d'un homme dont l'âme était aimante, le caractère doux et pacifique, mais dont le malheur, la jalousie, l'amour même qu'il portait à ses enfants, troublaient le cerveau et qu'une véritable folie poussait à l'assassinat. Oui, sans doute il fut fou le jour où il conçut, le jour où il exécuta en partie son affreux dessein, mais d'une folie qui mérite le nom de crime; car c'est dans la conscience faussée, dans le délire des passions déréglées, dans l'oubli de Dieu que cette terrible maladie de l'âme se développe.

La veille de l'attentat, Louis Bordier écrivit à un de ses frères une lettre commençant ainsi : « S'il existe un Dieu.... » des phrases déclamatoires et impies suivent et répondent à ce début. Le lendemain il se jette sur sa victime, son couteau de corroyeur à la main et l'assassine. « Une colonne de sang, avoua-t-il depuis, sembla surgir devant lui et obscurcir sa vue. » Cependant il se dirige vers le lit où dormait sa fille aînée, jeune enfant de onze ans, avance vers elle; la petite l'aperçoit, sourit, lui tend les bras et dit : « Papa, embrasse-moi. » La raison revient alors au malheureux, il jette au loin le fatal couteau, court se précipiter sur le cadavre de sa victime et le couvre de larmes et de baisers. Un médecin, un homme de talent, un savant aliéniste, se trouva par hasard le premier appelé et entrant dans la chambre où le meurtre s'était accompli, il voit l'assassin parler à sa victime comme si elle l'eût entendu. Le premier mot qu'il prononça fut celui-ci : « cet homme est fou ! » Le docteur Simpson maintint cette assertion devant les juges. Il démontra fort éloquemment que la maladie, dont Bordier souffrait depuis six mois, avait exercé une grande influence sur ses facultés mentales ; que la résolution que lui avait communiquée Mary Snow avait été la cause immédiate de l'accès de folie qu'avait préparé la maladie. Les raisons du docteur Simpson ne convainquirent point le jury. Il est juste de dire que, ni avant ni après l'attentat, Bordier n'avait donné, le moins du monde, lieu de croire qu'il fût atteint d'aliénation mentale.

Le malheureux assassin ne chercha ni à s'évader, ni à nier son crime. Lui-même se livra à la justice et les portes de la prison se refermèrent sur lui. Bientôt il comparut devant ses juges et fut condamné à mort. Il serait difficile de dire combien de voix s'élevèrent pour demander que sa peine fût commuée. Son maître, ses camarades d'atelier, ses connaissances, tous s'offrirent à porter témoignage de ses bonnes qualités. Leurs Altesses royales, le duc de Nemours, le prince de Joinville et le duc d'Aumale écrivirent à Sa Majesté la reine Victoria pour solliciter la rémission de la peine de mort. L'ambassade de France s'en émut et agit. Il y eut un concours extraordinaire d'efforts et de prières : inutiles démarches. Le ministre de l'intérieur jugea de son devoir de n'y pas accéder. Mais pendant que la justice humaine fermait l'oreille à ces nombreuses sollicitations, la miséricorde de Dieu s'apprêtait à répandre sur l'âme du malheureux condamné des grâces rares et précieuses. Il doutait naguère de l'existence de Dieu ; il attaquait les prêtres et les traitait d'ennemis du genre humain. Mais bientôt d'autres sentiments, d'autres pensées vont surgir dans ce cœur déchiré. Le 18 de septembre, l'évêque de Southwarle écrivait au Révérend Père Faure, mariste et prêtre de la chapelle française de Leicester-square.

« Le très-révérend Dr Doyle revient à l'instant de Newgate. Bordier lui a demandé quand il pourrait espérer de vous voir. Il l'a trouvé dans de bien meilleures dispositions et il pense que vos bons soins l'amèneront à mourir dans des sentiments de véritable repentir. Il est encore agité par les doutes sur la certitude de son sort. »

Alors commença la sublime mission du prêtre, auprès de cette âme si longtemps égarée et maintenant près de revenir à Dieu. Et d'abord à quoi songea-t-il pour attirer les bénédictions divines sur son ministère si pénible, si douloureux d'une part, et de l'autre si doux et si consolant ? Il demanda surtout des prières. Il recommanda l'âme confiée à ses soins aux âmes pures et saintes qui, nuit et jour, dans la solitude du cloître s'épanchent en supplications pour les pécheurs, les malheureux, les déshérités de la terre. Il invoqua, à Paris, le secours de Notre-Dame-des-Victoires, des grandes victoires sur le monde et l'enfer, et dans l'humble chapelle de Notre-Dame-de-France, à Londres, il confia la cause du jeune condamné à ces pieux chrétiens qui, à force de prières, ont conquis leur sanctuaire. Cette pieuse fraternité des membres de l'Église catholique, le plus beau et le plus noble esprit de corps qui existe, ne fait jamais défaut à un pareil appel. On pria beaucoup, on pria avec ardeur, on ne pria pas en vain pour Louis Bordier. Je ne résiste pas au désir de transcrire deux petites lettres bien simples qui disent la part que les Clarisses, ses sœurs en Jésus-Christ, comme leur bienheureux Père les aurait appelées, prenaient au sort du condamné. Ainsi que deux violettes écloses à l'ombre de l'autel, elles respirent le plus suave parfum de la charité religieuse.

En plaçant ces lettres ici, nous anticipons sur le récit qui doit les suivre ; mais il nous a semblé qu'avant de parler du changement qui s'opéra dans l'âme du pauvre condamné, il était touchant de voir par quelles prières ces grâces de conversion étaient demandées à Dieu, par des âmes ferventes qui suivaient pas à pas ses progrès vers le ciel.

Couvent des Clarisses, Bayswater, ce 8 octobre.

« Mon Révérend Père,

« Sans doute nous prierons pour votre pauvre condamné. Nous vous remercions de nous avoir recommandé cette âme ; car rien n'excite davantage notre zèle et notre compassion que la pensée de ceux qui doivent expier leurs crimes par la perte de la vie temporelle. C'est bien consolant pour ces pauvres coupables de songer que, s'ils acceptent la mort en expiation de leurs péchés, ils peuvent aller voir leur Dieu et leur Sauveur. Dites à votre cher pénitent, pour sa consolation, que dans la ville de Londres il y a une maison où vingt-six religieuses prient pour lui jour et nuit. Nous parlons de lui ;

2.

nous souffrons pour lui. Nous prions sans cesse Jésus et Marie de venir à son secours, de le consoler, de le fortifier, de lui donner une parfaite résignation à la sainte volonté de Dieu. J'espère que vous lui avez donné le saint scapulaire et un chapelet. Avec ces armes il ne craindra pas la mort. Je voudrais pouvoir les lui envoyer moi-même, mais c'est trop lourd pour la poste. Si vous voulez, je les enverrai par quelqu'un. La nuit qui précédera l'exécution nous serons en prière pour le consoler. Le matin, nous recevrons la sainte communion pour lui et nous serons à genoux devant le sanctuaire à l'heure suprême. Nous n'oublierons pas sa chère âme après sa mort. Qu'il ait du courage, qu'il soit triste d'avoir offensé Dieu, et le bon Dieu le rendra heureux. Mon Père, donnez-nous de ses nouvelles avant et après, car nous nous intéressons beaucoup, beaucoup à ce bon Français, et nous prions aussi pour vous. Croyez-moi toujours votre toute dévouée.

« S. M. S. P. C. C. »

Ce 9 octobre.

« Mon Révérend Père,

« Voici un scapulaire, je vous en prie, donnez-le au cher Français. Nous y avons mis une médaille de la sainte Vierge. Ayez soin qu'il l'ait au dernier moment. Répétez-lui combien nous nous intéressons à son sort. Nous prierons pour ses trois petites filles. J'espère que le bon Dieu en aura soin. Veuillez lui donner aussi cette image et demandez-lui de ma part de répéter souvent la petite prière : « Jésus, Marie, Joseph, je vous donne mon cœur et ma vie, etc. » Dites-lui bien d'accepter la mort en expiation de ses péchés ; de dire souvent à Jésus qu'il se repent de tout son cœur. Nous espérons le voir au ciel. Nous devons tous mourir. Votre cher Français a le bonheur de connaître l'heure de sa mort et de s'y préparer. Vous nous donnerez de ses nouvelles, mon Père, et des vôtres plus tard. Que le bon Dieu vous éclaire et vous soutienne. Croyez-moi toujours.

« Votre humble servante,

« S. M. S. P. C. C.

« Dites-lui combien nous l'aimons et comme nous compatissons à son sort, mais combien nous sommes heureuses de savoir que c'est vous qui le préparez à la mort. »

Dans la prison de Korsemonger-Lane, où Louis Bordier avait été transféré, le Père Faure, dès ses premières visites, put constater que la douceur et la bonne conduite du pauvre condamné avaient touché et gagné le cœur de ses gardiens. On cherchait de toutes les manières possibles à adoucir son sort. Il était bien logé, bien nourri, traité avec beaucoup d'égards ; il en exprimait souvent sa reconnaissance. Il accueillit dès l'abord avec empressement les consolations que le révérend Père lui apportait; son âme s'ouvrit avec joie aux impressions religieuses, la foi de son enfance se réveilla forte et puissante dans son cœur. Il comprit que sa mort devait servir à expier son crime. Il s'y résigna avec douceur, même avec une certaine satisfaction. Quelquefois, lorsque l'idée lui venait que le temps s'écoulait vite, que le moment fatal approchait, il éprouvait quelque émotion, mais bientôt le calme reprenait le dessus. Jamais depuis son crime il ne se révolta ni contre Dieu, ni contre les hommes. Jamais il ne laissa échapper une parole d'accusation contre sa victime, jamais dans sa prison, plus que devant le tribunal, il n'allégua les torts qu'elle avait eus envers lui, pour se défendre ou s'excuser : il n'en parlait qu'avec une tendresse pleine de compassion. Il tenait les yeux fixés sur une petite image du bon larron, qui semblait lui parler au cœur. Une autre de l'ange gardien ne le quittait pas non plus. Peut-être confiait-t-il ses enfants à leurs protecteurs célestes. Quatre jours avant sa mort, on lui amena ses trois charmantes petites filles, auxquelles il avait désiré faire ses derniers adieux. Elles étaient âgées de onze, de neuf et de deux ans. Cette entrevue eut lieu en présence du gouverneur de la prison et de son fils, de quatre des officiers et du révérend docteur Doyle. Tous les témoins de cette scène déchirante furent pénétrés d'un profond attendrissement. Un de ces messieurs disait au Père Faure : « Je peux supporter la vue d'une exécution, mais de semblables adieux, c'en est trop, cela brise le cœur. » Le gouverneur, vénérable vieillard aux cheveux blancs, pleurait encore deux ou trois heures après en racontant cette scène.

Le dimanche, 13 octobre, à sept heures du matin, le docteur Doyle apporta au prisonnier la sainte communion. Il s'attendait à le trouver assez bien disposé ; mais ce fut avec une douce surprise qu'il le vit, rempli de ferveur et de reconnaissance, répandre des larmes abondantes, les larmes d'une véritable contrition. Ce n'était pas sur son malheureux sort qu'il s'attendrissait. Non, il désirait expier ses péchés par sa mort ; mais la pensée de sa victime, de ses enfants, de sa mère, le regret de son crime lui arrachait des pleurs amers. Jamais on n'a vu un repentir plus sincère. Tous les jours il lisait quatre ou cinq fois les prières du Chemin de la Croix et l'image d'un Dieu sauveur et innocent, mourant pour les coupables, lui était toujours présente. Le vénérable docteur Doyle, profondément touché des sentiments de ce vrai pénitent, parla de lui ce jour-là en chaire, à la grand'messe, dans la cathédrale de Saint-Georges. Il dit avec quelle piété, quel entier retour à la religion, il se préparait à la mort, avec quelle profonde douleur il s'accusait de son crime et du scandale que sa malheureuse lettre avait causé.

Dans le courant de la même journée, Bordier revêtit le saint scapulaire avec une entière intelligence du prix de cette faveur. « Oui, » s'écriait-il, « je veux m'enrôler sous la bannière de la Mère de Dieu. Je veux porter son humble et glorieuse livrée, afin qu'elle daigne toujours me protéger. » Le calme, le contentement, une expression de bonheur même brillaient sur son front. De temps à autre la pensée de sa mort prochaine le faisait tressaillir ; mais à l'aide de la prière, il surmontait bientôt cette impression pénible et rentrait dans le calme. Il manifestait hautement sa foi et ne cherchait pas à dérober la vue de son scapulaire à ses gardiens protestants.

Le lundi, veille du jour fixé pour l'exécution, Louis Bordier pria le Père Faure d'aller voir ses enfants. Il était très-préoccupé du désir qu'elles fussent élevées dans la religion catholique. Elles n'étaient même pas baptisées ! Leur mère et sa famille appartenaient à la secte dite des Baptistes, qui n'administrent le baptême qu'aux adultes. Les grands parents des trois petites s'en étaient chargés ; comme les enfants illégitimes appartiennent de droit à leur mère, par conséquent à sa famille, le malheureux père n'ayant aucun pouvoir sur elles, supplia le Père Faure d'aller de sa part voir le père et la mère de Mary Snow et de tâcher de les amener doucement à consentir à ce que les enfants fussent envoyées en France pour y être élevées dans la foi catholique. Le jour de leur dernière entrevue, il leur avait donné à chacune un livre de prières catholiques, dans lequel il avait écrit un mot. Il disait au Père Faure que Célestine, l'aînée, était très-pieuse. Au Havre, où elle avait passé quelque temps avec lui, elle allait à l'école des sœurs et quand il fallut quitter la ville et l'école elle en avait été inconsolable.

Le révérend Père passa la dernière soirée en prières avec le condamné. Ils firent ensemble le Chemin de la Croix, en préparation à la communion que Bordier devait recevoir le lendemain avant son exécution. Il répétait souvent avec une ferveur indicible : « Jésus ! Marie ! Joseph ! Je vous donne ma vie, je n'ai qu'elle, je vous la donne. » Il était calme, il aspirait avec ardeur les paroles de vie que son père spirituel versait dans son âme. Il se disposait à mourir comme un enfant à se jeter dans les bras d'un père. Sa confiance en Notre-Seigneur Jésus-Christ, condamné à mort, exécuté, lui aussi, pour nous, pour *lui*, le fortifiait d'heure en heure. Il appréciait toujours plus la bonté de Dieu qui avait voulu être supplicié lui-même, et qui en mourant avait songé aux condamnés de tous les siècles, à tous ceux qui, à leur heure dernière, demanderaient sa grâce et son pardon. Ses yeux se tournaient toujours vers l'image du bon larron, de saint Dimas, crucifié, pardonné, canonisé par la bouche du Sauveur..... Il y eut entre le bon Père et son pénitent une véritable et douce causerie. Celui-ci riait parfois de bon cœur, il goûtait la paix de l'âme, la joie du retour. Pendant la nuit il écrivit plusieurs lettres ; voici celle qu'il avait adressé quatre jours avant à sa mère :

Horsemouger Lane Gaol, 11 octobre 1867.

« Ma chère mère,

« Sur le point de quitter la vie, je viens encore pour la dernière fois vous affliger et vous jeter dans la douleur, malgré que j'aie été bien ingrat envers vous. Vous étiez sans doute bien loin de penser que j'étais capable de commettre un pareil crime, surtout envers celle que j'ai tant aimée jusqu'à mon dernier soupir. Je vous fais donc mes adieux et vous prie de m'accorder et votre pardon et votre bénédiction maternelle.

« Je meurs sans proférer une plainte. J'avoue que j'ai mérité ce qui m'arrive ; ah ! si j'avais suivi vos conseils et vos exemples !

« Pardonnez-moi les peines affreuses que je cause à vous et à tous les miens. J'ai eu le bonheur de me réconcilier avec Dieu que j'avais connu et aimé dans mon enfance ; je vais même recevoir sa visite dans la communion. Les hommes me repoussent et me châtient, mais Dieu qui voit en moi mon repentir profond veut bien me pardonner et me consoler dans ma prison, je vais à lui ; j'espère en sa miséricorde ; je mets ma confiance en notre Sauveur qui est mort pour moi.

« Je vous recommande mes trois petites filles, pauvres enfants !... Ah ! puissent-elles recevoir une bonne éducation et ne pas tomber dans le mal ! Le prêtre français qui vient me voir tous les jours m'a promis de vous écrire et de vous donner d'autres détails.

« Adieu, mère..., au revoir dans un monde meilleur. Bénissez le pauvre condamné et priez pour son âme.

« Louis BORDIER. »

A son père spirituel il écrivait :

Horsemouger Lane Gaol, 14 octobre 1867.

« Mon révérend Père Faure,

« Vous avez été un père pour moi et vous m'avez réconcilié avec mon Dieu, devant qui je vais paraître avec repentir et confiance.

« Laissez-moi vous demander une grâce de plus, c'est la dernière... Demain, mes trois chères filles n'auront plus de père, et ma plus grande tristesse à ce moment est de ne pas les savoir loin de Londres, ou du moins loin des lieux où ces malheureuses ont vu leur mère expirer, — et élevées dans ma religion. Ah ! combien je désire que les parents de ma femme, qui aiment ces enfants, veuillent les aimer raisonnablement et les laisser aller là où elles recevront une bonne éducation et où rien ne leur manquera. Je désire les remettre à Dieu et à vous ; soyez leur père, mais cependant je désirerais que leur grand'mère en soit consentante. Dites leur mes dernières volontés. J'ai été bien coupable, c'est vrai, mais je serais plus coupable encore, si après être rentré dans la bonne voie, je ne cherchais pas de toutes mes forces à y établir comme il faut ces pauvres enfants.

« Merci, cher Père, vous m'avez procuré la vraie vie, procurez-la aussi à ces pauvres enfants.

« J'apprends, avec une grande émotion, que beaucoup de personnes ont cherché à obtenir ma grâce, veuillez les remercier pour moi, et leur dire combien je suis touché de leur bonté... Je ne désirerais pas vivre... Puissent-elles reporter sur mes enfants la charité qu'elles me témoignent! Que le ciel les récompense! Je suis votre humble serviteur et fils en J.-C qui est mort pour moi.

« Louis BORDIER. »

A ses filles il recommanda de nouveau la vertu, la piété, l'union entre elles : « Mes enfants, » leur disait-il, « en vous donnant ma dernière bénédiction, je ne puis empêcher que le souvenir de votre pauvre mère ne me revienne. — Votre pauvre mère, dont la seule faute a été de m'avoir trop aimé. On vous apprendra un jour la triste histoire de vos malheureux parents. Quels que soient les sentiments que vous inspirera alors ma mémoire, n'en ayez jamais que de bons et de tendres pour votre infortunée mère. Elle n'était pas coupable. Elle n'a pas mérité son sort..... Priez pour moi, mes enfants, et surtout tâchez de mériter le ciel, où il n'y a plus de douleurs, plus de séparations ; le ciel où j'ose espérer que nous nous retrouverons tous un jour dans la paix et le bonheur.... »

Aux parents de sa victime le condamné écrivait :

« Pour la dernière fois, je vous supplie de me pardonner la mort de votre fille chérie. Sur le point de me séparer à jamais pour cette vie de tout ce qui m'est cher, je comprends maintenant et j'éprouve le plus vif remords de toutes les douleurs, de toutes les angoisses que je vous ai causées...... Si les prières d'un malheureux, bien coupable, mais bien repentant, sont entendues du ciel, celles de l'indigne époux de votre fille appelleront sur vous les bénédictions de Dieu.... »

Il adressa aussi quelques lignes à ses camarades chez le corroyeur où il travaillait, les remerciant de leur bienveillance et ajoutant qu'il espérait mourir avec courage et expier par cette mort affreuse le crime dont il s'était rendu coupable et obtenir le pardon de Notre-Seigneur Jésus-Christ. Il terminait sa lettre en leur souhaitant à tous un sort plus heureux que le sien.

La nuit se passa ainsi à écrire, et quoique très-calme, le condamné n'essaya pas de dormir. Le matin du 15 octobre, à sept heures, le Père Faure lui apporta la sainte communion. Il reçut cette grâce ineffable avec une humilité profonde et une pleine confiance en celui qui seul, répétait-il avec des larmes d'attendrissement, ne le quitterait pas et qui daignait venir le préparer lui-même à paraître devant lui.

Quand on lui apporta le déjeuner, il dit au révérend Père : « A quoi bon ? » Celui-ci lui conseilla de manger pour se donner des forces pendant les moments pénibles qu'il avait à traverser avant d'arriver au terme. Il le fit alors et même avec bon appétit. « Oui, » disait-il, « je veux être fort et mourir bravement. » A huit heures et demie il fit encore une dernière fois le Chemin de la Croix avec un recueillement céleste. Il appliquait toutes les circonstances de la Passion de Notre-Seigneur à son état actuel. Il pleurait ses péchés et témoignait le plus ardent amour pour son divin Sauveur.

A neuf heures il reçut la visite du docteur Doyle, bon et aimable vieillard de soixante-treize ans, qui depuis sa première entrevue avec Bordier, lui avait montré beaucoup d'intérêt. Le docteur lui parla avec onction du bonheur d'aller à Dieu si bien préparé. Ses paroles furent écoutées et accueillies par le condamné avec une vive reconnaissance. « Quelle heure est-il ? » demanda-t-il, après avoir causé quelque temps avec ce vénérable prêtre. — Neuf heures et demie, » lui répondit-on. — « En ce cas, dit-il, quelques instants encore et je ne serai plus. » Le calme avec lequel il proféra ces mots étonna l'abbé Doyle et le remplit d'admiration. Il n'y avait dans cette tranquillité ni affectation, ni effort, ni surexcitation. Elle venait de Dieu qui seul peut la donner dans un tel moment.

Je ne puis m'empêcher de placer ici un trait de cette humilité, de cette charité chrétienne, qui se révèle d'une manière si touchante dans le ministère des prêtres catholiques, de ce dévouement sans borne pour ceux qu'ils nomment à juste titre leurs enfants. Le Père Faure n'avait jamais accompagné un condamné à l'échafaud. Il avait éprouvé, pendant les jours qui venaient de s'écouler, des fatigues et des émotions bien capables d'épuiser un homme dont le cœur suivait pas à pas toutes les souffrances morales du malheureux prisonnier. Une seule crainte le préoccupait : « Mon Dieu, » disait-il tout bas au vieillard qui partageait son intérêt pour Bordier « si j'allais m'évanouir en montant sur l'échafaud, ce serait affreux pour le pauvre condamné ! » — « Non, vous ne vous évanouirez pas, » répondait le bon vieux prêtre. « Mais en tout cas, je me tiendrai au pied de l'échafaud et si cela arrivait, je monterais. » Le gouverneur de la prison vint faire ses adieux à Bordier, qui le remercia avec effusion ainsi que son fils de toutes les bontés dont ils l'avaient comblé ; le Docteur Doyle se recommanda à ses prières !...

Quelques minutes avant dix heures on vint le chercher. D'un pas ferme il sortit de sa cellule. On aurait dit un homme rendu à la liberté après une longue captivité, plutôt qu'un condamné marchant au supplice. Il traversa, la tête levée, le corridor au bout duquel le bourreau l'attendait pour lui lier les bras. Il se soumit sans trouble à ces lugubres préparatifs. Sa figure était pâle et ses yeux rouges, comme ceux d'un homme qui a beaucoup veillé et beaucoup pleuré, mais ni sa démarche, ni sa physionomie, n'indiquaient aucune faiblesse. Le Père Faure se tenait à ses côtés, le soutenant, le consolant jusqu'au dernier moment. Le triste cortége traversa la cour de la prison jusqu'au pied des escaliers qui mènent à la plate-forme où l'échafaud était dressé. On entendait déjà le bruit confus de la foule immense qui l'entourait. Comme un soldat qui monte à l'assaut, Louis Bordier gravit les marches qui le séparaient encore du terme fatal. Ni la vue des apprêts du supplice, ni celle des vingt milliers d'hommes dont les yeux étaient fixés sur lui, ne le troublèrent.

En arrivant sur l'échafaud il salua respectueusement la foule, qui répondit par des applaudissements au salut du condamné. Sa haute stature, sa belle figure, son maintien calme et noble, impressionnaient en sa faveur, on le sentait, jusqu'à cette vile populace. Sans hésiter, Louis Bordier se remit entre les mains du bourreau. Tandis qu'on lui liait les pieds et qu'on lui voilait la tête, il priait encore. Ce fut avec des larmes dans la voix et une douceur indicible qu'il proféra ces dernières paroles : « Adieu, mon cher Père ! adieu ! Mille fois merci de votre affection ; un dernier souvenir à ma mère et à ma sœur. Jésus, Marie, Joseph, je vous donne ma vie ! »

Une mort si héroïque, une acceptation si humble et si entière d'un sort affreux sont sans doute un prodige de la grâce de Dieu et le triomphe de la foi chrétienne. Mais aussi que de prières n'avaient pas cessé de monter au ciel pour ce malheureux jeune homme ! On n'aura point oublié que pendant qu'une foule impie et brutale se pressait au spectacle de son exécution, des âmes pures et saintement détachées de la terre, prosternées au pied des autels, souffraient et priaient pour lui. Le même jour une scène horrible se passait dans un autre quartier de Londres : un homme, lui aussi condamné à mort pour meurtre, se débattait avec des cris affreux en présence du supplice, niait son crime avec des jurements terribles et mourait désespéré. Et on voudrait priver les hommes de la religion ! Ah ! si le meurtre mérite la peine de mort, quel supplice ne méritent pas ceux qui méditent contre l'humanité entière un si affreux attentat !

FIN

PARIS. — E. DE SOYE, IMPRIMEUR, PLACE DU PANTHÉON, 2.